AF456690

APERÇU

DE

# L'EXPOSITION D'ART JAPONAIS

Au Salon de la Société Nationale des Beaux-Arts

GRAND PALAIS, PARIS

1922

COMITÉ DE L'EXPOSITION
D'ART JAPONAIS

APERÇU

DE

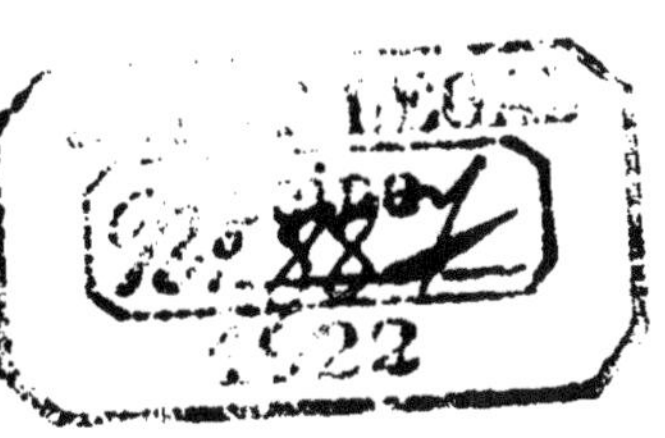

# L'EXPOSITION D'ART JAPONAIS

Au Salon de la Société Nationale des Beaux-Arts

GRAND PALAIS, PARIS

1922

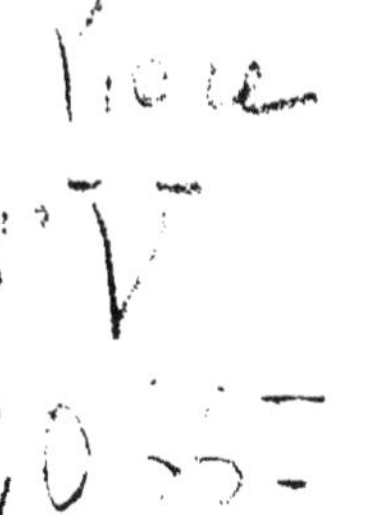

COMITÉ DE L'EXPOSITION

D'ART JAPONAIS

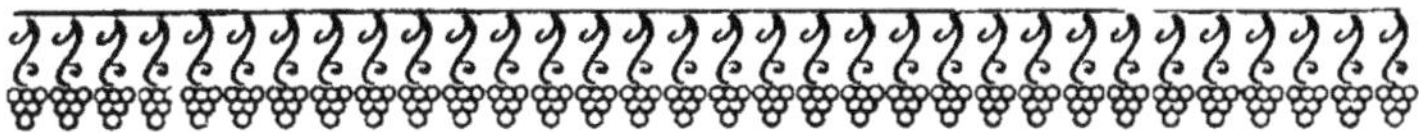

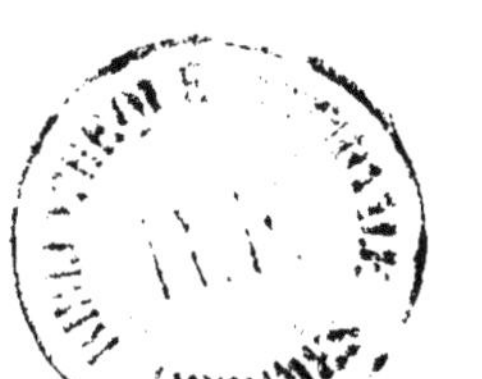

# APERÇU
DE
# L'EXPOSITION D'ART JAPONAIS

GRAND PALAIS, PARIS

1922

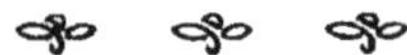

Les peintres japonais résidant à Paris avaient depuis longtemps formé le projet d'organiser en France une exposition d'art moderne japonais. L'aimable invitation adressée l'année dernière par les artistes français à leurs collègues japonais de participer au Salon de la Société Nationale des Beaux-Arts a été reçue avec un vif plaisir. De son côté le Gouvernement Impérial, dès qu'il fut avisé de cette proposition, a tenu à patronner cette œuvre. Il nous est agréable d'indiquer le geste généreux de M. Kishimoto, l'un des principaux hommes d'affaires du Japon, qui a bien voulu prendre à son compte toutes les dépenses inhérentes à cette participation.

Les difficultés que comportait pareille entreprise n'ont pas empêché de mettre à exécution ce projet, car on a clairement compris au Japon qu'il se présentait une précieuse occasion de montrer à la nation française si éprise de beauté ce qu'est l'art japonais ; trois professeurs à l'École des Beaux-Arts de Tôkyô, ainsi qu'à l'École des Arts décoratifs de Tôkyô, MM. Koumé, Wada et Nagatoti, sont venus à Paris en vue de l'organisation. On ne disposait malheureusement que d'un laps de temps trop réduit pour réunir au Japon même les œuvres d'art à exposer, les plus anciennes d'entre elles étant dispersées parmi les collections des familles nobles, des amateurs d'art et dans les grands temples ; pour la plupart, ce sont des trésors nationaux, d'où les obstacles non seulement pour les rassembler, mais surtout pour les transporter si loin.

Néanmoins des œuvres d'art du dix-septième et du dix-huitième siècle appartenant en propre au Trésor Impérial, à l'École des Beaux-Arts, au ministère de l'Instruction publique, au Musée Impérial de Tôkyô, à des familles nobles, à d'anciennes familles féodales et enfin à des familles fortunées, viennent de parvenir à Paris. Ces œuvres des écoles les plus différentes donnent un aperçu assez large sur les sources d'inspiration et la technique de la peinture nationale japonaise, pour permettre de porter un jugement judicieux sur les maîtres contemporains. De même, il a paru utile d'envoyer un assez grand nombre d'œuvres d'art d'artistes japonais contemporains, de manière à donner au public français une idée de l'activité artistique du Japon. Les œuvres modernes comprennent 388 pièces, parmi lesquelles 157 tableaux (27 kakémonos,

*

43 paravents, 97 panneaux et une dizaine de croquis sur papier); 36 peintures à l'huile, 14 bois sculptés, 7 bronzes, 22 plâtres.

Les arts décoratifs modernes sont représentés par 172 pièces.

Les objets anciens sont au nombre de 127, dont 97 peintures.

La Renaissance chinoise du quinzième siècle au Japon contribue à la formation des grands peintres de paysage et de genre, qui sont connus sous le nom d'école « chinoise » (kangwa); parmi les œuvres anciennes, nous remarquons un beau kakémono représentant un faucon sur un cèdre, du peintre Choku an Soga, qui vécut vers la fin du seizième siècle; cette renaissance provoqua également la fondation de l'école Kanô qui, tenant compte du caractère cursif de la technique des anciens maîtres chinois de l'époque des Songs, se l'assimila au point de dégager des qualités spécifiquement nationales. Cette illustre école est représentée par douze kakémonos des maîtres les plus connus tels que : Sansetsu (1589-1651) qui, dans son triptyque, perpétue, au moins par certaines qualités, les traditions de sa grande famille.

Le grand Tannyû (1602-1674), auquel « l'école Kanô est redevable d'un regain de vie au commencement du dix-septième siècle », est représenté par son célèbre triptyque : Le saint bouddhique Vimalakirti et deux autres kakémonos : *oiseaux*, et *plantes*, qui, bien que différents par leurs sujets, forment un tout par l'esprit que révèle ces tableaux, par cette unité qui communie avec le sentiment du spectateur. Ce triptyque a été gracieusement prêté par le Trésor Impérial. Son frère et élève Naonobu (1607-1650) est représenté par un paysage à l'encre de Chine, un monochrome d'un style calme et réservé qu'on peut appeler impressionnisme calligraphique. Nous devons signaler aussi les superbes kakémonos de Tsunenobu Kanô (1636-1713) qui sont considérés par les Japonais comme dignes d'être mis au rang de Tannyû, qui fut l'oncle du peintre. L'École des Beaux-Arts de Tôkyô a envoyé deux kakémonos du grand maître Kanô Hôgai (1828-1888) qui fut élève de Masanobu Kanô et dernier représentant de cette fameuse école; Hôgai, un des fondateurs de l'École des Beaux-Arts de Tokyô ainsi que Gahô Hashimoto, a contribué sensiblement au développement de ladite École. Ce dernier est représenté à l'Exposition par un superbe kakémono à l'encre de Chine : *Pin séculaire*, où les valeurs de cette technique monochrome sont rendues à la perfection.

Mitsunori Tosa (1583-1638); de l'école du même nom, qui garda les traditions des époques les plus anciennes et fut considérée comme l'école proprement dite japonaise, est représenté par une peinture sur soie qui figure : *Les différentes scènes de coutumes des quatre saisons*, et par un magnifique petit paravent sur la partie supérieure duquel sont dessinés de sa main les portraits des trente-six poétesses ; ce paravent appartient à M. le marquis T. Maéda.

Nous devons signaler le kakémono, *Fleurs de prunier*, du célèbre peintre Kôrin Ogata (1661-1716) qui est connu par la beauté exquise de sa palette et la richesse somptueuse de son synthétisme décoratif.

L'école Ukiyoe, connue en Europe surtout par les estampes, est représentée par un kakémono en triptyque du pinceau de son fondateur Shôi Iwasa (1578-1650) au sujet : *Personnages de théâtre*, et par des peintures sur soie de maîtres bien connus tels que Moronobu Hishikawa, Shunshô Katsukawa, Hiroshige Andô et autres.

L'école Kishi est représentée par son fondateur Ganku (1749-1838), avec un beau kakémono : *Tigre s'abreuvant à un ruisseau*; cette peinture appartient à M. le marquis T. Maéda.

Parmi les maîtres du dix-huitième siècle, notons les kakémonos de Okyo Maruyama, de Sosen Mori, célèbre par ses peintures de singes, de Nangaku Watanabé et d'autres.

Il est regrettable que nous ne puissions montrer ici qu'un trop petit nombre d'objets d'art ancien. Cependant, nous pouvons signaler les laques, parmi lesquelles de belles boîtes de laque d'or, une boîte incrustée de nacre et de feuilles d'étain par Tomoharu, élève de Kôrin, et plusieurs boîtes en différentes techniques de laque, appartenant au Musée Impérial de Tôkyô. Nous attirons surtout l'attention du public français sur les belles étoffes (seizième-dix-septième siècles) des anciens costumes dont étaient revêtus les acteurs de *Nô*, drames lyriques en vogue à la Cour des anciens féodaux.

On doit regarder comme un bel exemplaire du seizième siècle un costume à l'étoffe brodée (appartenant à M. le marquis T. Maéda).

Parmi les exposants contemporains, remarquons d'abord M. Kôgyô Terasaki, mort en 1919 (les artistes de l'école japonaise sont surtout connus par leur pseudonyme qui, au Japon se met toujours après le nom de la famille, mais nous avons suivi la manière occidentale en plaçant le pseudonyme avant le nom de famille), connu surtout comme peintre paysagiste; son œuvre est représentée par des panneaux illustrant les quatres saisons. Son style est éclectique avec une forte influence de la peinture paysagiste chinoise de l'époque des Songs et des Yuan.

M. Gyokudô Kawai, professeur à l'École des Beaux-Arts de Tôkyô, expose deux pièces de série, dont un grand paravent sur lequel l'artiste a peint un pêcheur de truites au bord d'un torrent.

M. Wakanari Takatori, de l'école Sumiyoshi, rattachée à la grande école nationale de Tosa, a composé sur deux paravents une légende de l'époque Fujiwara (onzième siècle). On remarque la beauté de l'ensemble de la composition, la technique minutieuse nous représentant les personnages de cette époque avec leurs attributs traditionnels, la richesse des couleurs vives et le goût dans les motifs décoratifs.

Un jeune peintre, M. Teruo Matsuoka, présente un tableau du *Printemps*, de facture très riche et très harmonieuse.

M. Reika Kikkawa expose deux paravents dont le sujet remonte à l'époque Nara (huitième siècle) où s'allie harmonieusement à l'impression légendaire la technique personnelle qui confine au symbolisme.

Il faut remarquer également parmi les exposants MM : Sui-un Komuro (de l'école chinoise) et Jippo Araki. Tous deux sont particulièrement prisés par les amateurs japonais.

M. Kiyokata Kaburaki expose un panneau représentant l'artiste chinois bien connu, M. Mei-Lanfang, dans un rôle de femme.

M. Shuho expose deux kakémonos en diptyque évoquant les personnages de la légende mystique qui est liée au désastreux incendie de 1657. Ces peintures, lors de leur exposition, il y a deux ans, à Tôkyô, ont été très admirées.

A mentionner également M. Taikwan Yokoyama, qui expose une paire de beaux paravents avec motif: *Les Bois en automne*, et un panneau : Les *Lotus roses*; élève du célèbre maître Gahô Hashimoto, M. Yokoyama jouit d'une grande réputation au Japon.

Nous devons dire de même de M. Kwanzan Shimomura, le non moins brillant élève de feu maître Gahô Hashimoto qui expose une admirable peinture sur soie appartenant au ministère de l'Instruction Publique.

Parmi les représentants de l'École de Kyôto, deux maîtres : MM. Seihô Takeuchi, exposant un paysage à l'encre de Chine au lavis superbe, et Sunkyo Yamamoto, exposant un panneau représentant un *Paysage sous la neige* et deux paires de paravents : *Pins sous la neige*. Les deux artistes peuvent être considérés comme les chefs de l'école, qui continuent à Kyoto, l'ancienne capitale, les traditions de haute culture artistique et littéraire.

Deux exposants appartiennent également à cette école : MM. Okoku Konoshima, et Manshû Kawamura. Le premier expose une paire de paravents : *Pluie d'automne* et un panneau : *Champs en automne*, où est rendue toute la gamme des sentiments que suscite cette belle saison au Japon. Le second expose des paysages japonais, parmi lesquels nous recommandons les trois motifs du Mont Hiei, près de Kyôto, aux doux contours de montagnes couvertes d'arbres séculaires.

Quatre femmes peintres participent à l'exposition : Mme Shôen Uemura qui, on s'en souvient, a reçu une médaille à l'Exposition Universelle de Paris en 1900; Mme Gyokuyô Kurihara, Mme Shôha Itô et Mlle Hisako Kajiwara.

Les trois premières artistes traitent des légendes anciennes; la dernière expose un panneau représentant une jeune actrice en tournée où l'artiste peintre, tant par la composition du tableau que par la pose de la jeune actrice assise dans sa loge, manifeste ce soupçon de tristesse que le Japonais éprouve si souvent en voyage quand le monde qui l'entoure ne compte que des choses étrangères en des lieux qui ne lui sont pas familiers.

Certains peintres japonais, enfin, relèvent de l'école européenne. Il ne faudrait certes pas négliger l'influence que l'Occident exerce au Japon dans le domaine artistique. Beaucoup d'artistes sont venus achever leurs études à Paris et quelques-uns y sont restés. Ils ont adopté la technique occidentale, mais leur âme a gardé intacte son essence japonaise, et cette forme européenne, légèrement modifiée parfois par l'usage traditionnel du pinceau qui leur est familier grâce à l'écriture nationale, ne les empêche pas de rendre avec toute la minutieuse délicatesse qui les caractérise, leur propre conception du monde, leur attitude originale vis-à-vis de la nature et des choses, qui sont des modalités profondément distinctes de celles d'un Occidental.

De là les paysages de MM. Katoh, Kobayashi, Nagahara, Ohno, et autres.

A voir aussi la toile de M. Minami, le tableau au sujet historique de M. F. Nakamura, le portrait d'une jeune femme, par M. S. Okada, ainsi que le portrait par M. E. Wada. M. T. Foujita, qui est loin d'être un inconnu à Paris, expose une nouvelle toile : *Au cirque*, qui, nous osons l'espérer, sera admirée par le public français.

En sculpture, notons les bois sculptés par M. Ko-un Takamura, représentant un couple de cerfs; M. Chô-un Yamazaki, une statue d'un moine bouddhiste assis et tenant une soucoupe en métal où brûle une flamme. Puis M. Unkai Yonehara, qui expose une statuette de Han-shan, ermite chinois, maintes fois représenté dans l'art de l'Extrême-Orient; enfin M. Tsuruzô Ishii, qui représente un groupe de deux enfants de la province Shinano, qui est remarquable par sa stylisation. Il serait trop long dans ce cadre restreint d'indiquer tous les autres sculpteurs de l'école japonaise, qui exposent pourtant des œuvres marquées au coin de l'originalité de bon goût.

Parmi les artistes adeptes de l'école occidentale, signalons MM. T. Shinkai et F. Asakura. Le premier expose un bas-relief de toute beauté, représentant une divinité bouddhique, Acala (Fudô), bien répandue au Japon, et le second un buste en bronze et une statuette en fer fondu, figurant une chatte abattue et amaigrie après la portée.

Les objets d'art moderne sont représentés par des laques de différentes techniques telles que laque d'or, rouge, incrustée, « kanshitsu » et autres, puis des objets en cloisonné, des objets en faïence, en porcelaine, en céladon, en grès, des objets en bronze, en fer, en différents métaux ouvrés, enfin de beaux tissus de soie, de brocart, parfois des reconstitutions d'anciennes étoffes.

Nous ne pouvons ne pas citer encore parmi les objets en métaux ouvrés, la figurine *Danse guerrière antique*, par le feu maître Shômin Unno, qui intéresse par sa technique d'un prodigieux assemblage de divers métaux, — œuvre qui appartient au Trésor Impérial. Parmi les cloisonnés, notons les objets d'art de M. Jubei Andô, le plus grand atelier de ces émaux. Comme objets de laque, nous avons à signaler les deux boîtes décorées par M. Jitoku Akatsuka et une écritoire par Setsuo Yukio.

En ce qui concerne la céramique, les vases de M. Kozan Miyagawa, de Tôkyô, Grand Prix de l'Exposition Universelle de 1900 à Paris; quant aux maîtres de Kyôto M. Tôzan Itô, qui expose un vase, un brûle-parfum et une boîte à encens; puis M. Yohei Seifu, exposant un vase en porcelaine : M. Rokubei Shimizu exposant un vase et un bol en porcelaine et deux vases en grès, ainsi que M. Yoshitake Suwa, dont un brûle-parfum en céladon, avec un dessin de poissons rouges coloriés, un ouvrage curieux présentant des difficultés inouïes d'exécution au point de vue de la technique; enfin M. Seizan Kawamura, qui expose des grès vernissés et d'autres encore.

A Kyôto, l'art décoratif est réservé plutôt au tissage. Notre attention est attirée par les tissus brocarts aux beaux dessins, de M. Yasuke Date, qui est le représentant d'une famille jouissant d'une vieille réputation dans les tissus; puis les tissus de soie aux dessins variés, de M. Jimbei Kawashima; ensuite les tissus pour les costumes de « *Nô* » par un spécialiste fort connu, M. Heihachi Kitagawa, et enfin M. Heizô Tatsumura, inventeur de nouveaux procédés de tissage, qui expose une assez grande quantité de soie brocart aux dessins les plus variés.

Ces objets d'art, nous l'espérons, donneront au public français une idée du développement de la technique et du maintien jaloux des anciennes traditions du goût artistique japonais, qui ont depuis toujours fait la grandeur des arts décoratifs du Nippon.

Les œuvres exposées ne sauraient sans doute prétendre dans leur ensemble à représenter intégralement les différentes époques et les multiples aspects de l'art du Japon. Mais déjà la variété des sujets exposés sera vraisemblablement de nature à donner une idée de ses tendances. Les œuvres picturales reproduisent les divers modes de technique dont se servent les artistes japonais et l'on en peut conclure que les caractéristiques de cet art résident non seulement dans les effets de couleurs, mais aussi dans les lavis des monochromes à l'encre de Chine, tandis que les objets d'art nous révèlent une richesse dans la variété des substances employées et la finesse du travail et des procédés techniques, qui sont souvent plus estimés que les formes sobres des objets eux-mêmes.

L'exposition de cette année est un premier essai; puisse-t-il réussir et contribuer à faire mieux connaître les goûts et les méthodes si subtiles des deux grandes nations artistiques, le Japon et la France !

PARIS
IMPRIMERIE DE J. DUMOULIN
5, RUE DES GRANDS-AUGUSTINS, 5

www.ingramcontent.com/pod-product-compliance
Ingram Content Group UK Ltd.
Pitfield, Milton Keynes, MK11 3LW, UK
UKHW022147260726
13993UKWH00005B/2203

9 782329 494401